BELONGS TO :

_____

_____

SUMMARY

INTRODUCTION

This book allows you to practice conjugating 30 frequently used verbs in tenses and moods adapted for advanced **(level 1)**.

Moods and tenses:

- <u>Indicative</u>: present, imperfect, simple future, future anterior, compound past, simple past, past anterior, pluperfect
- <u>Conditional</u>: present, past
- <u>Subjunctive</u>: present
- <u>Imperative</u>: present

The 30 verbs have been carefully selected, including the auxiliary verbs "être" (to be) and "avoir" (to have), as well as verbs from the **1st, 2nd, and 3rd groups**.

<u>The workbook includes:</u>

- 30 conjugation sheets
- 30 correction sheets
- 06 evaluation sheets
- 02 Report sheets
- Rules to review

This workbook divides the conjugation work between the teacher and the learner.

<u>Roles of the learner:</u>

1- Conjugate the verbs, then correct them with the help of the teacher.

2- Solve the evaluations.

3- Review the rules at the end of the book if necessary.

<u>Roles of the teacher:</u>

1- Correct the learner's exercises and dictate the solution.

2- Evaluate, give feedback, and track the learner's progress.

USER GUIDE

The learner conjugates the verbs

The teacher checks whether statements are true or false. ✔ ✗

The teacher provides feedback to the learner to assist them in their next conjugation task.

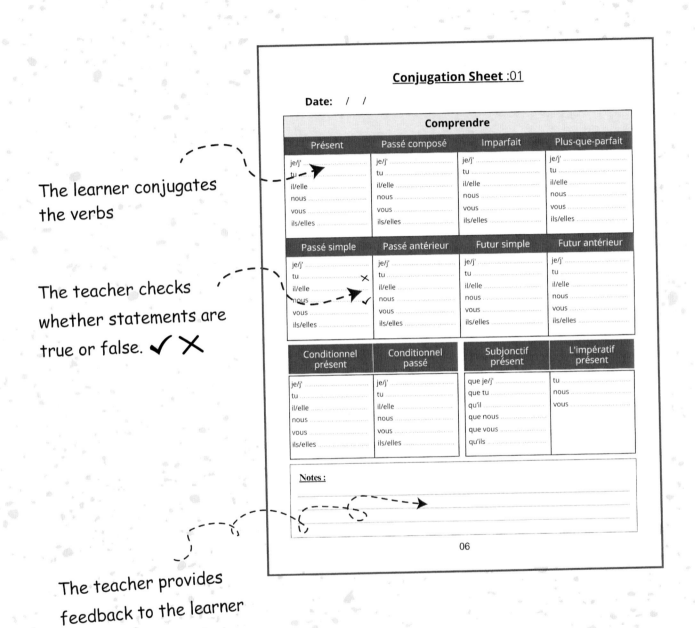

Conjugation Sheet :01

Date: / /

Comprendre			
Présent	**Passé composé**	**Imparfait**	**Plus-que-parfait**
je/j'	je/j'	je/j'	je/j'
tu	tu	tu	tu
il/elle	il/elle	il/elle	il/elle
nous	nous	nous	nous
vous	vous	vous	vous
ils/elles	ils/elles	ils/elles	ils/elles
Passé simple	**Passé antérieur**	**Futur simple**	**Futur antérieur**
je/j'	je/j'	je/j'	je/j'
tu	tu	tu	tu
il/elle	il/elle	il/elle	il/elle
nous	nous	nous	nous
vous	vous	vous	vous
ils/elles	ils/elles	ils/elles	ils/elles

Conditionnel présent	Conditionnel passé	Subjonctif présent	L'impératif présent
je/j'	je/j'	que je/j'	tu
tu	tu	que tu	nous
il/elle	il/elle	qu'il	vous
nous	nous	que nous	
vous	vous	que vous	
ils/elles	ils/elles	qu'ils	

Notes :

06

02

Correction Sheet: 01

Date: / /

N°	The mistake	Tense	Correction of the mistake	Explanation
1				
2				
3				
4				
5				
6				
7				
8				
9				
10				
11				
12				
13				
14				
15				
16				
17				

Scan the QR code to view the solution corresponding to the conjugation sheet.

Correct the learner and dictate the solution.

Evaluation Sheet : 01

Date: / /

20

1 - Passé composé - nous (aller) :	☒
2 - Passé composé - elles (chercher) :	☑
3 - Futur - tu (chercher) :	☐
4 - Imparfait - vous (décider) :	☐
5 - Présent - ils (aller) :	☐
6 - Imparfait - je (appeler) :	☐
7 - Présent - tu (donner) :	☐
8 - Imparfait - vous (écouter) :	☐
9 - Présent - tu (aimer) :	☐
10 - Imparfait - vous (être) :	☐
11 - Futur - nous (décider) :	☐
12 - Présent - elles (être) :	☐
13 - Futur - il (aimer) :	☐
14 - Passé composé - elle (entrer) :	☐
15 - Futur - je (aimer) :	☐
16 - Futur - nous (écouter) :	☐

Scan the QR code to view the solution corresponding to the evaluation sheet.

The learner works on the evaluation.

Each correct answer equals 1 point.

Write a report and provide instructions and tips to the learner to improve their conjugation.

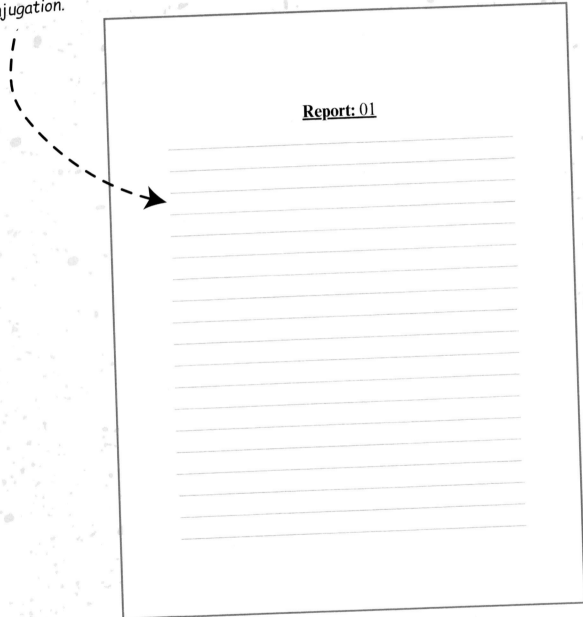

Report: 01

LIST OF VERBS

Comprendre	To understand	Combattre	To fight	Regarder	To look
Réussir	To succeed	Finir	To finish	Travailler	To work
Savoir	To know	Dire	To say	Répondre	To answer
Habiter	To live	Parler	To speak	Faire	To do
Prendre	To take	Écrire	To write	Voir	To see
Être	To be	Aller	To go	Réfléchir	To reflect
Grandir	To grow	Écouter	To listen	Établir	To establish
Aimer	To love	Avertir	To warn	Descendre	To descend
Venir	To come	Décrire	To describe	Pouvoir	To be able to
Vouloir	To want	Agrandir	To enlarge	Avoir	To have

Date: / /

Comprendre

Présent	Passé composé	Imparfait	Plus-que-parfait
je/j'	je/j'	je/j'	je/j' ....
tu	tu	tu	tu ....
il/elle	il/elle	il/elle	il/elle ....
nous	nous	nous	nous ....
vous	vous	vous	vous ....
ils/elles	ils/elles	ils/elles	ils/elles ....

Passé simple	Passé antérieur	Futur simple	Futur antérieur
je/j'	je/j'	je/j'	je/j' ....
tu	tu	tu	tu ....
il/elle	il/elle	il/elle	il/elle ....
nous	nous	nous	nous ....
vous	vous	vous	vous ....
ils/elles	ils/elles	ils/elles	ils/elles ....

Conditionnel présent	Conditionnel passé	Subjonctif présent	L'impératif présent
je/j'	je/j'	que je/j'	tu ....
tu	tu	que tu	nous ....
il/elle	il/elle	qu'il	vous ....
nous	nous	que nous	
vous	vous	que vous	
ils/elles	ils/elles	qu'ils	

Notes :

....

....

....

Date: /   /

N°	The mistake	Tense	Correction of the mistake	Explanation
1				
2				
3				
4				
5				
6				
7				
8				
9				
10				
11				
12				
13				
14				
15				
16				
17				
18				

Conjugation Sheet :02

Date: /   /

Réussir

Présent	Passé composé	Imparfait	Plus-que-parfait
je/j'	je/j'	je/j'	je/j' ....
tu	tu	tu	tu ....
il/elle	il/elle	il/elle	il/elle ....
nous	nous	nous	nous ....
vous	vous	vous	vous ....
ils/elles	ils/elles	ils/elles	ils/elles ....

Passé simple	Passé antérieur	Futur simple	Futur antérieur
je/j'	je/j'	je/j'	je/j' ....
tu	tu	tu	tu ....
il/elle	il/elle	il/elle	il/elle ....
nous	nous	nous	nous ....
vous	vous	vous	vous ....
ils/elles	ils/elles	ils/elles	ils/elles ....

Conditionnel présent	Conditionnel passé	Subjonctif présent	L'impératif présent
je/j'	je/j'	que je/j'	tu ....
tu	tu	que tu	nous ....
il/elle	il/elle	qu'il	vous ....
nous	nous	que nous	
vous	vous	que vous	
ils/elles	ils/elles	qu'ils	

Notes :

....

....

....

Correction Sheet: 02

Date: /   /

N°	The mistake	Tense	Correction of the mistake	Explanation
1				
2				
3				
4				
5				
6				
7				
8				
9				
10				
11				
12				
13				
14				
15				
16				
17				
18				

Conjugation Sheet :03

Date: / /

Savoir			
Présent	**Passé composé**	**Imparfait**	**Plus-que-parfait**
je/j'	je/j'	je/j'	je/j' ....
tu	tu	tu	tu ....
il/elle	il/elle	il/elle	il/elle ....
nous	nous	nous	nous ....
vous	vous	vous	vous ....
ils/elles	ils/elles	ils/elles	ils/elles ....
Passé simple	**Passé antérieur**	**Futur simple**	**Futur antérieur**
je/j'	je/j'	je/j'	je/j' ....
tu	tu	tu	tu ....
il/elle	il/elle	il/elle	il/elle ....
nous	nous	nous	nous ....
vous	vous	vous	vous ....
ils/elles	ils/elles	ils/elles	ils/elles ....

Conditionnel présent	Conditionnel passé	Subjonctif présent	L'impératif présent
je/j'	je/j'	que je/j'	tu ....
tu	tu	que tu	nous ....
il/elle	il/elle	qu'il	vous ....
nous	nous	que nous	
vous	vous	que vous	
ils/elles	ils/elles	qu'ils	

Notes :

....

....

....

Correction Sheet: 03

Date: /   /

N°	The mistake	Tense	Correction of the mistake	Explanation
1				
2				
3				
4				
5				
6				
7				
8				
9				
10				
11				
12				
13				
14				
15				
16				
17				
18				

Conjugation Sheet :04

Date: / /

Habiter			
Présent	**Passé composé**	**Imparfait**	**Plus-que-parfait**
je/j'	je/j'	je/j'	je/j' ....
tu	tu	tu	tu ....
il/elle	il/elle	il/elle	il/elle ....
nous	nous	nous	nous ....
vous	vous	vous	vous ....
ils/elles	ils/elles	ils/elles	ils/elles ....
Passé simple	**Passé antérieur**	**Futur simple**	**Futur antérieur**
je/j'	je/j'	je/j'	je/j' ....
tu	tu	tu	tu ....
il/elle	il/elle	il/elle	il/elle ....
nous	nous	nous	nous ....
vous	vous	vous	vous ....
ils/elles	ils/elles	ils/elles	ils/elles ....

Conditionnel présent	Conditionnel passé	Subjonctif présent	L'impératif présent
je/j'	je/j'	que je/j'	tu ....
tu	tu	que tu	nous ....
il/elle	il/elle	qu'il	vous ....
nous	nous	que nous	
vous	vous	que vous	
ils/elles	ils/elles	qu'ils	

Notes :

....

....

....

Correction Sheet: 04

Date: / /

N°	The mistake	Tense	Correction of the mistake	Explanation
1				
2				
3				
4				
5				
6				
7				
8				
9				
10				
11				
12				
13				
14				
15				
16				
17				
18				

Conjugation Sheet :05

Date: / /

Prendre

Présent	Passé composé	Imparfait	Plus-que-parfait
je/j'	je/j'	je/j'	je/j' ....
tu	tu	tu	tu ....
il/elle	il/elle	il/elle	il/elle ....
nous	nous	nous	nous ....
vous	vous	vous	vous ....
ils/elles	ils/elles	ils/elles	ils/elles ....

Passé simple	Passé antérieur	Futur simple	Futur antérieur
je/j'	je/j'	je/j'	je/j' ....
tu	tu	tu	tu ....
il/elle	il/elle	il/elle	il/elle ....
nous	nous	nous	nous ....
vous	vous	vous	vous ....
ils/elles	ils/elles	ils/elles	ils/elles ....

Conditionnel présent	Conditionnel passé	Subjonctif présent	L'impératif présent
je/j'	je/j'	que je/j'	tu ....
tu	tu	que tu	nous ....
il/elle	il/elle	qu'il	vous ....
nous	nous	que nous	
vous	vous	que vous	
ils/elles	ils/elles	qu'ils	

Notes :

_____

_____

_____

N°	The mistake	Tense	Correction of the mistake	Explanation
1				
2				
3				
4				
5				
6				
7				
8				
9				
10				
11				
12				
13				
14				
15				
16				
17				
18				

20

1 - Présent - nous (Réussir) :	☐
2 - Subjonctif présent - tu (Savoir) :	☐
3 - Passé composé - je (Savoir) :	☐
4 - Passé antérieur - tu (Prendre) :	☐
5 - Subjonctif présent - ils (Comprendre) :	☐
6 - Passé antérieur - vous (Réussir) :	☐
7 - Plus-que-parfait - il (Habiter) :	☐
8 - Futur antérieur - tu (Habiter) :	☐
9 - Passé simple - nous (Prendre) :	☐
10 - Passé simple - il (Prendre) :	☐
11 - Conditionnel passé - ils (Savoir) :	☐
12 - Imparfait - je (Savoir) :	☐
13 - Plus-que-parfait - tu (Habiter) :	☐
14 - Futur simple - tu (Habiter) :	☐
15 - Futur antérieur - ils (Comprendre) :	☐
16 - Conditionnel présent - je (Réussir) :	☐
17 - Impératif présent - nous (Comprendre) :	☐
18 - Imparfait - nous (Prendre) :	☐
19 - Passé composé - nous (Comprendre) :	☐
20 - Conditionnel présent - vous (Réussir) :	☐

We've crafted this workbook to be both useful and exciting. We sincerely hope you enjoy it! If you do, would you kindly consider leaving us a review on Amazon? Your feedback is instrumental in maintaining the quality of our products and assisting others in their search and confident decision-making regarding this workbook. Your support would be immensely appreciated!

Conjugation Sheet :06

Date: / /

Être

Présent	Passé composé	Imparfait	Plus-que-parfait
je/j'	je/j'	je/j'	je/j' ....
tu	tu	tu	tu ....
il/elle	il/elle	il/elle	il/elle ....
nous	nous	nous	nous ....
vous	vous	vous	vous ....
ils/elles	ils/elles	ils/elles	ils/elles ....

Passé simple	Passé antérieur	Futur simple	Futur antérieur
je/j'	je/j'	je/j'	je/j' ....
tu	tu	tu	tu ....
il/elle	il/elle	il/elle	il/elle ....
nous	nous	nous	nous ....
vous	vous	vous	vous ....
ils/elles	ils/elles	ils/elles	ils/elles ....

Conditionnel présent	Conditionnel passé	Subjonctif présent	L'impératif présent
je/j'	je/j'	que je/j'	tu ....
tu	tu	que tu	nous ....
il/elle	il/elle	qu'il	vous ....
nous	nous	que nous	
vous	vous	que vous	
ils/elles	ils/elles	qu'ils	

Notes :

_____

_____

_____

N°	The mistake	Tense	Correction of the mistake	Explanation
1				
2				
3				
4				
5				
6				
7				
8				
9				
10				
11				
12				
13				
14				
15				
16				
17				
18				

Conjugation Sheet :07

Date: / /

Grandir			
Présent	**Passé composé**	**Imparfait**	**Plus-que-parfait**
je/j'	je/j'	je/j'	je/j' ....
tu	tu	tu	tu ....
il/elle	il/elle	il/elle	il/elle ....
nous	nous	nous	nous ....
vous	vous	vous	vous ....
ils/elles	ils/elles	ils/elles	ils/elles ....
Passé simple	**Passé antérieur**	**Futur simple**	**Futur antérieur**
je/j'	je/j'	je/j'	je/j' ....
tu	tu	tu	tu ....
il/elle	il/elle	il/elle	il/elle ....
nous	nous	nous	nous ....
vous	vous	vous	vous ....
ils/elles	ils/elles	ils/elles	ils/elles ....

Conditionnel présent	Conditionnel passé	Subjonctif présent	L'impératif présent
je/j'	je/j'	que je/j'	tu ....
tu	tu	que tu	nous ....
il/elle	il/elle	qu'il	vous ....
nous	nous	que nous	
vous	vous	que vous	
ils/elles	ils/elles	qu'ils	

Notes :

_____

_____

_____

Correction Sheet: 07

Date: /   /

N°	The mistake	Tense	Correction of the mistake	Explanation
1				
2				
3				
4				
5				
6				
7				
8				
9				
10				
11				
12				
13				
14				
15				
16				
17				
18				

Conjugation Sheet :08

Date: / /

Aimer			
Présent	**Passé composé**	**Imparfait**	**Plus-que-parfait**
je/j'	je/j'	je/j'	je/j' ....
tu	tu	tu	tu ....
il/elle	il/elle	il/elle	il/elle ....
nous	nous	nous	nous ....
vous	vous	vous	vous ....
ils/elles	ils/elles	ils/elles	ils/elles ....
Passé simple	**Passé antérieur**	**Futur simple**	**Futur antérieur**
je/j'	je/j'	je/j'	je/j' ....
tu	tu	tu	tu ....
il/elle	il/elle	il/elle	il/elle ....
nous	nous	nous	nous ....
vous	vous	vous	vous ....
ils/elles	ils/elles	ils/elles	ils/elles ....

Conditionnel présent	Conditionnel passé	Subjonctif présent	L'impératif présent
je/j'	je/j'	que je/j'	tu ....
tu	tu	que tu	nous ....
il/elle	il/elle	qu'il	vous ....
nous	nous	que nous	
vous	vous	que vous	
ils/elles	ils/elles	qu'ils	

Notes :

....

....

....

Correction Sheet: 08

Date: /   /

N°	The mistake	Tense	Correction of the mistake	Explanation
1				
2				
3				
4				
5				
6				
7				
8				
9				
10				
11				
12				
13				
14				
15				
16				
17				
18				

Conjugation Sheet :09

Date: / /

Venir

Présent	Passé composé	Imparfait	Plus-que-parfait
je/j'	je/j'	je/j'	je/j' ....
tu	tu	tu	tu ....
il/elle	il/elle	il/elle	il/elle ....
nous	nous	nous	nous ....
vous	vous	vous	vous ....
ils/elles	ils/elles	ils/elles	ils/elles ....

Passé simple	Passé antérieur	Futur simple	Futur antérieur
je/j'	je/j'	je/j'	je/j' ....
tu	tu	tu	tu ....
il/elle	il/elle	il/elle	il/elle ....
nous	nous	nous	nous ....
vous	vous	vous	vous ....
ils/elles	ils/elles	ils/elles	ils/elles ....

Conditionnel présent	Conditionnel passé	Subjonctif présent	L'impératif présent
je/j'	je/j'	que je/j'	tu ....
tu	tu	que tu	nous ....
il/elle	il/elle	qu'il	vous ....
nous	nous	que nous	
vous	vous	que vous	
ils/elles	ils/elles	qu'ils	

Notes :

_____

_____

_____

23

Date: /   /

N°	The mistake	Tense	Correction of the mistake	Explanation
1				
2				
3				
4				
5				
6				
7				
8				
9				
10				
11				
12				
13				
14				
15				
16				
17				
18				

Conjugation Sheet :10

Date: / /

Vouloir

Présent	Passé composé	Imparfait	Plus-que-parfait
je/j'	je/j'	je/j'	je/j' ....
tu	tu	tu	tu ....
il/elle	il/elle	il/elle	il/elle ....
nous	nous	nous	nous ....
vous	vous	vous	vous ....
ils/elles	ils/elles	ils/elles	ils/elles ....

Passé simple	Passé antérieur	Futur simple	Futur antérieur
je/j'	je/j'	je/j'	je/j' ....
tu	tu	tu	tu ....
il/elle	il/elle	il/elle	il/elle ....
nous	nous	nous	nous ....
vous	vous	vous	vous ....
ils/elles	ils/elles	ils/elles	ils/elles ....

Conditionnel présent	Conditionnel passé	Subjonctif présent	L'impératif présent
je/j'	je/j'	que je/j'	tu ....
tu	tu	que tu	nous ....
il/elle	il/elle	qu'il	vous ....
nous	nous	que nous	
vous	vous	que vous	
ils/elles	ils/elles	qu'ils	

Notes :

_____

_____

_____

N°	The mistake	Tense	Correction of the mistake	Explanation
1				
2				
3				
4				
5				
6				
7				
8				
9				
10				
11				
12				
13				
14				
15				
16				
17				
18				

Date: /   /

20

1 / Futur simple - tu (Grandir) :	☐
2 / Plus-que-parfait - il (Aimer) :	☐
3 / Impératif présent - nous (Aimer) :	☐
4 / Passé composé - je (Être) :	☐
5 / Passé simple - il (Aimer) :	☐
6 / Plus-que-parfait - tu (Venir) :	☐
7 / Passé simple - nous (Être) :	☐
8 / Conditionnel passé - ils (Grandir) :	☐
9 / Subjonctif présent - tu (Venir) :	☐
10 / Passé composé - nous (Vouloir) :	☐
11 / Subjonctif présent - ils (Venir) :	☐
12 / Passé antérieur - vous (Grandir) :	☐
13 / Imparfait - nous (Grandir) :	☐
14 / Présent - nous (Être) :	☐
15 / Imparfait - je (Être) :	☐
16 / Futur antérieur - ils (Vouloir) :	☐
17 / Conditionnel présent - je (Vouloir) :	☐
18 / Futur antérieur - tu (Vouloir) :	☐
19 / Passé antérieur - tu (Venir) :	☐
20 / Conditionnel présent - vous (Aimer) :	☐

Conjugation Sheet :11

Date: / /

Combattre

Présent	Passé composé	Imparfait	Plus-que-parfait
je/j'	je/j'	je/j'	je/j' ....
tu	tu	tu	tu ....
il/elle	il/elle	il/elle	il/elle ....
nous	nous	nous	nous ....
vous	vous	vous	vous ....
ils/elles	ils/elles	ils/elles	ils/elles ....

Passé simple	Passé antérieur	Futur simple	Futur antérieur
je/j'	je/j'	je/j'	je/j' ....
tu	tu	tu	tu ....
il/elle	il/elle	il/elle	il/elle ....
nous	nous	nous	nous ....
vous	vous	vous	vous ....
ils/elles	ils/elles	ils/elles	ils/elles ....

Conditionnel présent	Conditionnel passé	Subjonctif présent	L'impératif présent
je/j'	je/j'	que je/j'	tu ....
tu	tu	que tu	nous ....
il/elle	il/elle	qu'il	vous ....
nous	nous	que nous	
vous	vous	que vous	
ils/elles	ils/elles	qu'ils	

Notes :

28

Correction Sheet: 11

Date: / /

N°	The mistake	Tense	Correction of the mistake	Explanation
1				
2				
3				
4				
5				
6				
7				
8				
9				
10				
11				
12				
13				
14				
15				
16				
17				
18				

Conjugation Sheet :12

Date: / /

Finir

Présent	Passé composé	Imparfait	Plus-que-parfait
je/j'	je/j'	je/j'	je/j' ....
tu	tu	tu	tu ....
il/elle	il/elle	il/elle	il/elle ....
nous	nous	nous	nous ....
vous	vous	vous	vous ....
ils/elles	ils/elles	ils/elles	ils/elles ....

Passé simple	Passé antérieur	Futur simple	Futur antérieur
je/j'	je/j'	je/j'	je/j' ....
tu	tu	tu	tu ....
il/elle	il/elle	il/elle	il/elle ....
nous	nous	nous	nous ....
vous	vous	vous	vous ....
ils/elles	ils/elles	ils/elles	ils/elles ....

Conditionnel présent	Conditionnel passé	Subjonctif présent	L'impératif présent
je/j'	je/j'	que je/j'	tu ....
tu	tu	que tu	nous ....
il/elle	il/elle	qu'il	vous ....
nous	nous	que nous	
vous	vous	que vous	
ils/elles	ils/elles	qu'ils	

Notes :

_____

_____

_____

Correction Sheet:12

Date: /   /

N°	The mistake	Tense	Correction of the mistake	Explanation
1				
2				
3				
4				
5				
6				
7				
8				
9				
10				
11				
12				
13				
14				
15				
16				
17				
18				

Conjugation Sheet :13

Date: / /

Dire

Présent	Passé composé	Imparfait	Plus-que-parfait
je/j'	je/j'	je/j'	je/j'
tu	tu	tu	tu
il/elle	il/elle	il/elle	il/elle
nous	nous	nous	nous
vous	vous	vous	vous
ils/elles	ils/elles	ils/elles	ils/elles

Passé simple	Passé antérieur	Futur simple	Futur antérieur
je/j'	je/j'	je/j'	je/j'
tu	tu	tu	tu
il/elle	il/elle	il/elle	il/elle
nous	nous	nous	nous
vous	vous	vous	vous
ils/elles	ils/elles	ils/elles	ils/elles

Conditionnel présent	Conditionnel passé	Subjonctif présent	L'impératif présent
je/j'	je/j'	que je/j'	tu
tu	tu	que tu	nous
il/elle	il/elle	qu'il	vous
nous	nous	que nous	
vous	vous	que vous	
ils/elles	ils/elles	qu'ils	

Notes :

Correction Sheet: 13

Date: / /

N°	The mistake	Tense	Correction of the mistake	Explanation
1				
2				
3				
4				
5				
6				
7				
8				
9				
10				
11				
12				
13				
14				
15				
16				
17				
18				

Conjugation Sheet :14

Date: / /

Parler

Présent	Passé composé	Imparfait	Plus-que-parfait
je/j'	je/j'	je/j'	je/j' ....
tu	tu	tu	tu ....
il/elle	il/elle	il/elle	il/elle ....
nous	nous	nous	nous ....
vous	vous	vous	vous ....
ils/elles	ils/elles	ils/elles	ils/elles ....

Passé simple	Passé antérieur	Futur simple	Futur antérieur
je/j'	je/j'	je/j'	je/j' ....
tu	tu	tu	tu ....
il/elle	il/elle	il/elle	il/elle ....
nous	nous	nous	nous ....
vous	vous	vous	vous ....
ils/elles	ils/elles	ils/elles	ils/elles ....

Conditionnel présent	Conditionnel passé	Subjonctif présent	L'impératif présent
je/j'	je/j'	que je/j'	tu ....
tu	tu	que tu	nous ....
il/elle	il/elle	qu'il	vous ....
nous	nous	que nous	
vous	vous	que vous	
ils/elles	ils/elles	qu'ils	

Notes :

_____

_____

_____

N°	The mistake	Tense	Correction of the mistake	Explanation
1				
2				
3				
4				
5				
6				
7				
8				
9				
10				
11				
12				
13				
14				
15				
16				
17				
18				

Conjugation Sheet :15

Date: / /

Écrire

Présent	Passé composé	Imparfait	Plus-que-parfait
je/j'	je/j'	je/j'	je/j' ....
tu	tu	tu	tu ....
il/elle	il/elle	il/elle	il/elle ....
nous	nous	nous	nous ....
vous	vous	vous	vous ....
ils/elles	ils/elles	ils/elles	ils/elles ....

Passé simple	Passé antérieur	Futur simple	Futur antérieur
je/j'	je/j'	je/j'	je/j' ....
tu	tu	tu	tu ....
il/elle	il/elle	il/elle	il/elle ....
nous	nous	nous	nous ....
vous	vous	vous	vous ....
ils/elles	ils/elles	ils/elles	ils/elles ....

Conditionnel présent	Conditionnel passé	Subjonctif présent	L'impératif présent
je/j'	je/j'	que je/j'	tu ....
tu	tu	que tu	nous ....
il/elle	il/elle	qu'il	vous ....
nous	nous	que nous	
vous	vous	que vous	
ils/elles	ils/elles	qu'ils	

Notes :

_____

_____

_____

Correction Sheet: 15

Date: /   /

N°	The mistake	Tense	Correction of the mistake	Explanation
1				
2				
3				
4				
5				
6				
7				
8				
9				
10				
11				
12				
13				
14				
15				
16				
17				
18				

20

1 / Subjonctif présent - ils (Dire) :	☐
2 / Conditionnel passé - ils (Écrire) :	☐
3 / Conditionnel présent - vous (Parler) :	☐
4 / Passé composé - je (Parler) :	☐
5 / Présent - nous (Finir) :	☐
6 / Futur antérieur - tu (Dire) :	☐
7 / Imparfait - nous (Combattre) :	☐
8 / Subjonctif présent - tu (Combattre) :	☐
9 / Passé simple - il (Finir) :	☐
10 / Plus-que-parfait - tu (Dire) :	☐
11 / Futur simple - tu (Écrire) :	☐
12 / Futur antérieur - ils (Combattre) :	☐
13 / Passé antérieur - vous (Écrire) :	☐
14 / Imparfait - je (Écrire) :	☐
15 / Conditionnel présent - je (Combattre):	☐
16 / Plus-que-parfait - il (Dire) :	☐
17 / Passé composé - nous (Parler) :	☐
18 / Impératif présent - nous (Parler) :	☐
19 / Passé simple - nous (Finir) :	☐
20 / Passé antérieur - tu (Finir) :	☐

Report: 01

Conjugation Sheet : 16

Date: / /

Aller

Présent	Passé composé	Imparfait	Plus-que-parfait
je/j'	je/j'	je/j'	je/j'
tu	tu	tu	tu
il/elle	il/elle	il/elle	il/elle
nous	nous	nous	nous
vous	vous	vous	vous
ils/elles	ils/elles	ils/elles	ils/elles

Passé simple	Passé antérieur	Futur simple	Futur antérieur
je/j'	je/j'	je/j'	je/j'
tu	tu	tu	tu
il/elle	il/elle	il/elle	il/elle
nous	nous	nous	nous
vous	vous	vous	vous
ils/elles	ils/elles	ils/elles	ils/elles

Conditionnel présent	Conditionnel passé	Subjonctif présent	L'impératif présent
je/j'	je/j'	que je/j'	tu
tu	tu	que tu	nous
il/elle	il/elle	qu'il	vous
nous	nous	que nous	
vous	vous	que vous	
ils/elles	ils/elles	qu'ils	

Notes :

Date: /   /

N°	The mistake	Tense	Correction of the mistake	Explanation
1				
2				
3				
4				
5				
6				
7				
8				
9				
10				
11				
12				
13				
14				
15				
16				
17				
18				

Conjugation Sheet :17

Date: / /

Écouter

Présent	Passé composé	Imparfait	Plus-que-parfait
je/j'	je/j'	je/j'	je/j'
tu	tu	tu	tu
il/elle	il/elle	il/elle	il/elle
nous	nous	nous	nous
vous	vous	vous	vous
ils/elles	ils/elles	ils/elles	ils/elles

Passé simple	Passé antérieur	Futur simple	Futur antérieur
je/j'	je/j'	je/j'	je/j'
tu	tu	tu	tu
il/elle	il/elle	il/elle	il/elle
nous	nous	nous	nous
vous	vous	vous	vous
ils/elles	ils/elles	ils/elles	ils/elles

Conditionnel présent	Conditionnel passé	Subjonctif présent	L'impératif présent
je/j'	je/j'	que je/j'	tu
tu	tu	que tu	nous
il/elle	il/elle	qu'il	vous
nous	nous	que nous	
vous	vous	que vous	
ils/elles	ils/elles	qu'ils	

Notes :

Date: / /

N°	The mistake	Tense	Correction of the mistake	Explanation
1				
2				
3				
4				
5				
6				
7				
8				
9				
10				
11				
12				
13				
14				
15				
16				
17				
18				

Conjugation Sheet :18

Date: / /

Avertir

Présent	Passé composé	Imparfait	Plus-que-parfait
je/j'	je/j'	je/j'	je/j'
tu	tu	tu	tu
il/elle	il/elle	il/elle	il/elle
nous	nous	nous	nous
vous	vous	vous	vous
ils/elles	ils/elles	ils/elles	ils/elles

Passé simple	Passé antérieur	Futur simple	Futur antérieur
je/j'	je/j'	je/j'	je/j'
tu	tu	tu	tu
il/elle	il/elle	il/elle	il/elle
nous	nous	nous	nous
vous	vous	vous	vous
ils/elles	ils/elles	ils/elles	ils/elles

Conditionnel présent	Conditionnel passé	Subjonctif présent	L'impératif présent
je/j'	je/j'	que je/j'	tu
tu	tu	que tu	nous
il/elle	il/elle	qu'il	vous
nous	nous	que nous	
vous	vous	que vous	
ils/elles	ils/elles	qu'ils	

Notes :

Date: /   /

N°	The mistake	Tense	Correction of the mistake	Explanation
1				
2				
3				
4				
5				
6				
7				
8				
9				
10				
11				
12				
13				
14				
15				
16				
17				
18				

Conjugation Sheet :19

Date: / /

Décrire

Présent	Passé composé	Imparfait	Plus-que-parfait
je/j'	je/j'	je/j'	je/j'
tu	tu	tu	tu
il/elle	il/elle	il/elle	il/elle
nous	nous	nous	nous
vous	vous	vous	vous
ils/elles	ils/elles	ils/elles	ils/elles

Passé simple	Passé antérieur	Futur simple	Futur antérieur
je/j'	je/j'	je/j'	je/j'
tu	tu	tu	tu
il/elle	il/elle	il/elle	il/elle
nous	nous	nous	nous
vous	vous	vous	vous
ils/elles	ils/elles	ils/elles	ils/elles

Conditionnel présent	Conditionnel passé	Subjonctif présent	L'impératif présent
je/j'	je/j'	que je/j'	tu
tu	tu	que tu	nous
il/elle	il/elle	qu'il	vous
nous	nous	que nous	
vous	vous	que vous	
ils/elles	ils/elles	qu'ils	

Notes :

Correction Sheet: 19

Date: / /

N°	The mistake	Tense	Correction of the mistake	Explanation
1				
2				
3				
4				
5				
6				
7				
8				
9				
10				
11				
12				
13				
14				
15				
16				
17				
18				

Conjugation Sheet :20

Date: / /

Agrandir

Présent	Passé composé	Imparfait	Plus-que-parfait
je/j'	je/j'	je/j'	je/j'
tu	tu	tu	tu
il/elle	il/elle	il/elle	il/elle
nous	nous	nous	nous
vous	vous	vous	vous
ils/elles	ils/elles	ils/elles	ils/elles

Passé simple	Passé antérieur	Futur simple	Futur antérieur
je/j'	je/j'	je/j'	je/j'
tu	tu	tu	tu
il/elle	il/elle	il/elle	il/elle
nous	nous	nous	nous
vous	vous	vous	vous
ils/elles	ils/elles	ils/elles	ils/elles

Conditionnel présent	Conditionnel passé	Subjonctif présent	L'impératif présent
je/j'	je/j'	que je/j'	tu
tu	tu	que tu	nous
il/elle	il/elle	qu'il	vous
nous	nous	que nous	
vous	vous	que vous	
ils/elles	ils/elles	qu'ils	

Notes :

Correction Sheet: 20

Date: /   /

N°	The mistake	Tense	Correction of the mistake	Explanation
1				
2				
3				
4				
5				
6				
7				
8				
9				
10				
11				
12				
13				
14				
15				
16				
17				
18				

1 / Futur antérieur - ils (Avertir) :	☐
2 / Passé composé - je (Avertir) :	☐
3 / Passé composé - nous (Écouter) :	☐
4 / Passé simple - nous (Écouter) :	☐
5 / Imparfait - je (Agrandir) :	☐
6 / Subjonctif présent - ils (Décrire) :	☐
7 / Futur simple - tu (Aller) :	☐
8 / Passé antérieur - tu (Aller) :	☐
9 / Plus-que-parfait - il (Aller) :	☐
10 / Impératif présent - nous (Agrandir) :	☐
11 / Plus-que-parfait - tu (Décrire) :	☐
12 / Passé antérieur - vous (Agrandir) :	☐
13 / Imparfait - nous (Avertir) :	☐
14 / Subjonctif présent - tu (Agrandir) :	☐
15 / Présent - nous (Écouter) :	☐
16 / Conditionnel présent - je (Aller) :	☐
17 / Passé simple - il (Écouter) :	☐
18 / Conditionnel présent - vous (Avertir):	☐
19 / Futur antérieur - tu (Décrire) :	☐
20 / Conditionnel passé - ils (Décrire) :	☐

Conjugation Sheet :21

Date: / /

Regarder			
Présent	**Passé composé**	**Imparfait**	**Plus-que-parfait**
je/j'	je/j'	je/j'	je/j' ....
tu	tu	tu	tu ....
il/elle	il/elle	il/elle	il/elle ....
nous	nous	nous	nous ....
vous	vous	vous	vous ....
ils/elles	ils/elles	ils/elles	ils/elles ....
Passé simple	**Passé antérieur**	**Futur simple**	**Futur antérieur**
je/j'	je/j'	je/j'	je/j' ....
tu	tu	tu	tu ....
il/elle	il/elle	il/elle	il/elle ....
nous	nous	nous	nous ....
vous	vous	vous	vous ....
ils/elles	ils/elles	ils/elles	ils/elles ....

Conditionnel présent	Conditionnel passé	Subjonctif présent	L'impératif présent
je/j'	je/j'	que je/j'	tu ....
tu	tu	que tu	nous ....
il/elle	il/elle	qu'il	vous ....
nous	nous	que nous	
vous	vous	que vous	
ils/elles	ils/elles	qu'ils	

Notes :

_____

_____

_____

Correction Sheet: 21

Date: / /

N°	The mistake	Tense	Correction of the mistake	Explanation
1				
2				
3				
4				
5				
6				
7				
8				
9				
10				
11				
12				
13				
14				
15				
16				
17				
18				

Conjugation Sheet :22

Date: / /

Travailler			
Présent	**Passé composé**	**Imparfait**	**Plus-que-parfait**
je/j'	je/j'	je/j'	je/j' ....
tu	tu	tu	tu ....
il/elle	il/elle	il/elle	il/elle ....
nous	nous	nous	nous ....
vous	vous	vous	vous ....
ils/elles	ils/elles	ils/elles	ils/elles ....
Passé simple	**Passé antérieur**	**Futur simple**	**Futur antérieur**
je/j'	je/j'	je/j'	je/j' ....
tu	tu	tu	tu ....
il/elle	il/elle	il/elle	il/elle ....
nous	nous	nous	nous ....
vous	vous	vous	vous ....
ils/elles	ils/elles	ils/elles	ils/elles ....

Conditionnel présent	Conditionnel passé	Subjonctif présent	L'impératif présent
je/j'	je/j'	que je/j'	tu ....
tu	tu	que tu	nous ....
il/elle	il/elle	qu'il	vous ....
nous	nous	que nous	
vous	vous	que vous	
ils/elles	ils/elles	qu'ils	

Notes :

_____

_____

_____

Correction Sheet: 22

Date: /   /

N°	The mistake	Tense	Correction of the mistake	Explanation
1				
2				
3				
4				
5				
6				
7				
8				
9				
10				
11				
12				
13				
14				
15				
16				
17				
18				

Conjugation Sheet :23

Date: / /

Répondre			
Présent	**Passé composé**	**Imparfait**	**Plus-que-parfait**
je/j'	je/j'	je/j'	je/j' ....
tu	tu	tu	tu ....
il/elle	il/elle	il/elle	il/elle ....
nous	nous	nous	nous ....
vous	vous	vous	vous ....
ils/elles	ils/elles	ils/elles	ils/elles ....
Passé simple	**Passé antérieur**	**Futur simple**	**Futur antérieur**
je/j'	je/j'	je/j'	je/j' ....
tu	tu	tu	tu ....
il/elle	il/elle	il/elle	il/elle ....
nous	nous	nous	nous ....
vous	vous	vous	vous ....
ils/elles	ils/elles	ils/elles	ils/elles ....

Conditionnel présent	Conditionnel passé	Subjonctif présent	L'impératif présent
je/j'	je/j'	que je/j'	tu ....
tu	tu	que tu	nous ....
il/elle	il/elle	qu'il	vous ....
nous	nous	que nous	
vous	vous	que vous	
ils/elles	ils/elles	qu'ils	

Notes :

....

....

....

Correction Sheet: 23

Date: / /

N°	The mistake	Tense	Correction of the mistake	Explanation
1				
2				
3				
4				
5				
6				
7				
8				
9				
10				
11				
12				
13				
14				
15				
16				
17				
18				

Conjugation Sheet : 24

Date: / /

Faire			
Présent	**Passé composé**	**Imparfait**	**Plus-que-parfait**
je/j'	je/j'	je/j'	je/j' ....
tu	tu	tu	tu ....
il/elle	il/elle	il/elle	il/elle ....
nous	nous	nous	nous ....
vous	vous	vous	vous ....
ils/elles	ils/elles	ils/elles	ils/elles ....
Passé simple	**Passé antérieur**	**Futur simple**	**Futur antérieur**
je/j'	je/j'	je/j'	je/j' ....
tu	tu	tu	tu ....
il/elle	il/elle	il/elle	il/elle ....
nous	nous	nous	nous ....
vous	vous	vous	vous ....
ils/elles	ils/elles	ils/elles	ils/elles ....

Conditionnel présent	Conditionnel passé	Subjonctif présent	L'impératif présent
je/j'	je/j'	que je/j'	tu ....
tu	tu	que tu	nous ....
il/elle	il/elle	qu'il	vous ....
nous	nous	que nous	
vous	vous	que vous	
ils/elles	ils/elles	qu'ils	

Notes :

_____

_____

_____

Date: /   /

N°	The mistake	Tense	Correction of the mistake	Explanation
1				
2				
3				
4				
5				
6				
7				
8				
9				
10				
11				
12				
13				
14				
15				
16				
17				
18				

Conjugation Sheet :25

Date: / /

Voir

Présent	Passé composé	Imparfait	Plus-que-parfait
je/j'	je/j'	je/j'	je/j'
tu	tu	tu	tu
il/elle	il/elle	il/elle	il/elle
nous	nous	nous	nous
vous	vous	vous	vous
ils/elles	ils/elles	ils/elles	ils/elles

Passé simple	Passé antérieur	Futur simple	Futur antérieur
je/j'	je/j'	je/j'	je/j'
tu	tu	tu	tu
il/elle	il/elle	il/elle	il/elle
nous	nous	nous	nous
vous	vous	vous	vous
ils/elles	ils/elles	ils/elles	ils/elles

Conditionnel présent	Conditionnel passé	Subjonctif présent	L'impératif présent
je/j'	je/j'	que je/j'	tu
tu	tu	que tu	nous
il/elle	il/elle	qu'il	vous
nous	nous	que nous	
vous	vous	que vous	
ils/elles	ils/elles	qu'ils	

Notes :

N°	The mistake	Tense	Correction of the mistake	Explanation
1				
2				
3				
4				
5				
6				
7				
8				
9				
10				
11				
12				
13				
14				
15				
16				
17				
18				

Evaluation Sheet :05

Date: / /

20

1 / Futur antérieur - tu (Regarder) :	☐
2 / Passé composé - je (Regarder) :	☐
3 / Passé antérieur - vous (Voir) :	☐
4 / Présent - nous (Répondre) :	☐
5 / Futur simple - tu (Voir) :	☐
6 / Conditionnel présent - vous (Répondre) :	☐
7 / Imparfait - je (Répondre) :	☐
8 / Subjonctif présent - tu (Voir) :	☐
9 / Impératif présent - nous (Faire) :	☐
10 / Passé composé - nous (Voir) :	☐
11 / Passé antérieur - tu (Regarder) :	☐
12 / Plus-que-parfait - tu (Travailler) :	☐
13 / Conditionnel présent - je (Faire) :	☐
14 / Subjonctif présent - ils (Faire) :	☐
15 / Passé simple - il (Faire) :	☐
16 / Conditionnel passé - ils (Travailler) :	☐
17 / Passé simple - nous (Regarder) :	☐
18 / Plus-que-parfait - il (Travailler) :	☐
19 / Futur antérieur - ils (Répondre) :	☐
20 / Imparfait - nous (Travailler) :	☐

Conjugation Sheet :26

Date: / /

Réfléchir

Présent	Passé composé	Imparfait	Plus-que-parfait
je/j'	je/j'	je/j'	je/j'
tu	tu	tu	tu
il/elle	il/elle	il/elle	il/elle
nous	nous	nous	nous
vous	vous	vous	vous
ils/elles	ils/elles	ils/elles	ils/elles

Passé simple	Passé antérieur	Futur simple	Futur antérieur
je/j'	je/j'	je/j'	je/j'
tu	tu	tu	tu
il/elle	il/elle	il/elle	il/elle
nous	nous	nous	nous
vous	vous	vous	vous
ils/elles	ils/elles	ils/elles	ils/elles

Conditionnel présent	Conditionnel passé	Subjonctif présent	L'impératif présent
je/j'	je/j'	que je/j'	tu
tu	tu	que tu	nous
il/elle	il/elle	qu'il	vous
nous	nous	que nous	
vous	vous	que vous	
ils/elles	ils/elles	qu'ils	

Notes :

N°	The mistake	Tense	Correction of the mistake	Explanation
1				
2				
3				
4				
5				
6				
7				
8				
9				
10				
11				
12				
13				
14				
15				
16				
17				
18				

Conjugation Sheet :27

Date: / /

Établir

Présent	Passé composé	Imparfait	Plus-que-parfait
je/j'	je/j'	je/j'	je/j'
tu	tu	tu	tu
il/elle	il/elle	il/elle	il/elle
nous	nous	nous	nous
vous	vous	vous	vous
ils/elles	ils/elles	ils/elles	ils/elles

Passé simple	Passé antérieur	Futur simple	Futur antérieur
je/j'	je/j'	je/j'	je/j'
tu	tu	tu	tu
il/elle	il/elle	il/elle	il/elle
nous	nous	nous	nous
vous	vous	vous	vous
ils/elles	ils/elles	ils/elles	ils/elles

Conditionnel présent	Conditionnel passé	Subjonctif présent	L'impératif présent
je/j'	je/j'	que je/j'	tu
tu	tu	que tu	nous
il/elle	il/elle	qu'il	vous
nous	nous	que nous	
vous	vous	que vous	
ils/elles	ils/elles	qu'ils	

Notes :

Correction Sheet: 27

Date: /   /

N°	The mistake	Tense	Correction of the mistake	Explanation
1				
2				
3				
4				
5				
6				
7				
8				
9				
10				
11				
12				
13				
14				
15				
16				
17				
18				

Date: / /

Descendre

Présent	Passé composé	Imparfait	Plus-que-parfait
je/j'	je/j'	je/j'	je/j' ....
tu	tu	tu	tu ....
il/elle	il/elle	il/elle	il/elle ....
nous	nous	nous	nous ....
vous	vous	vous	vous ....
ils/elles	ils/elles	ils/elles	ils/elles ....

Passé simple	Passé antérieur	Futur simple	Futur antérieur
je/j'	je/j'	je/j'	je/j' ....
tu	tu	tu	tu ....
il/elle	il/elle	il/elle	il/elle ....
nous	nous	nous	nous ....
vous	vous	vous	vous ....
ils/elles	ils/elles	ils/elles	ils/elles ....

Conditionnel présent	Conditionnel passé	Subjonctif présent	L'impératif présent
je/j'	je/j'	que je/j'	tu ....
tu	tu	que tu	nous ....
il/elle	il/elle	qu'il	vous ....
nous	nous	que nous	
vous	vous	que vous	
ils/elles	ils/elles	qu'ils	

Notes :

Correction Sheet: 28

Date: / /

N°	The mistake	Tense	Correction of the mistake	Explanation
1				
2				
3				
4				
5				
6				
7				
8				
9				
10				
11				
12				
13				
14				
15				
16				
17				
18				

Date: / /

Pouvoir

Présent	Passé composé	Imparfait	Plus-que-parfait
je/j'	je/j'	je/j'	je/j' ....
tu	tu	tu	tu ....
il/elle	il/elle	il/elle	il/elle ....
nous	nous	nous	nous ....
vous	vous	vous	vous ....
ils/elles	ils/elles	ils/elles	ils/elles ....

Passé simple	Passé antérieur	Futur simple	Futur antérieur
je/j'	je/j'	je/j'	je/j' ....
tu	tu	tu	tu ....
il/elle	il/elle	il/elle	il/elle ....
nous	nous	nous	nous ....
vous	vous	vous	vous ....
ils/elles	ils/elles	ils/elles	ils/elles ....

Conditionnel présent	Conditionnel passé	Subjonctif présent	L'impératif présent
je/j'	je/j'	que je/j'	tu ....
tu	tu	que tu	nous ....
il/elle	il/elle	qu'il	vous ....
nous	nous	que nous	
vous	vous	que vous	
ils/elles	ils/elles	qu'ils	

Notes :

_____

_____

_____

N°	The mistake	Tense	Correction of the mistake	Explanation
1				
2				
3				
4				
5				
6				
7				
8				
9				
10				
11				
12				
13				
14				
15				
16				
17				
18				

Conjugation Sheet :30

Date: / /

Avoir

Présent	Passé composé	Imparfait	Plus-que-parfait
je/j'	je/j'	je/j'	je/j'
tu	tu	tu	tu
il/elle	il/elle	il/elle	il/elle
nous	nous	nous	nous
vous	vous	vous	vous
ils/elles	ils/elles	ils/elles	ils/elles

Passé simple	Passé antérieur	Futur simple	Futur antérieur
je/j'	je/j'	je/j'	je/j'
tu	tu	tu	tu
il/elle	il/elle	il/elle	il/elle
nous	nous	nous	nous
vous	vous	vous	vous
ils/elles	ils/elles	ils/elles	ils/elles

Conditionnel présent	Conditionnel passé	Subjonctif présent	L'impératif présent
je/j'	je/j'	que je/j'	tu
tu	tu	que tu	nous
il/elle	il/elle	qu'il	vous
nous	nous	que nous	
vous	vous	que vous	
ils/elles	ils/elles	qu'ils	

Notes :

70

Correction Sheet: 30

Date: / /

N°	The mistake	Tense	Correction of the mistake	Explanation
1				
2				
3				
4				
5				
6				
7				
8				
9				
10				
11				
12				
13				
14				
15				
16				
17				
18				

20

1 / Imparfait - je (Descendre) :	☐
2 / Passé antérieur - vous (Établir) :	☐
3 / Subjonctif présent - tu (Descendre) :	☐
4 / Plus-que-parfait - il (Réfléchir) :	☐
5 / Plus-que-parfait - tu (Avoir) :	☐
6 / Impératif présent - nous (Descendre) :	☐
7 / Imparfait - nous (Avoir) :	☐
8 / Passé composé - je (Établir) :	☐
9 / Passé simple - il (Pouvoir) :	☐
10 / Conditionnel présent - je (Réfléchir):	☐
11 / Futur antérieur - tu (Établir) :	☐
12 / Passé antérieur - tu (Avoir) :	☐
13 / Futur simple - tu (Pouvoir) :	☐
14 / Futur antérieur - ils (Réfléchir) :	☐
15 / Subjonctif présent - ils (Avoir) :	☐
16 / Conditionnel présent - vous (Descendre) :	☐
17 / Passé composé - nous (Pouvoir) :	☐
18 / Présent - nous (Réfléchir) :	☐
19 / Passé simple - nous (Établir) :	☐
20 / Conditionnel passé - ils (Pouvoir) :	☐

Report: 02

Your positive feedback, as an exceptional customer like yourself, not only supports us but also helps others feel confident in choosing their workbook. Could you take a moment to share your happy experience on Amazon? Your contribution is invaluable to us. Whether it's a comment or simply rating your experience, please know that we genuinely appreciate it. Your support means the world to us. Thank you in advance!

RULES TO REVIEW

The stem and the termination (Le radical et la terminaison) :

Infinitive of the verb	Stem	termination
Parler "to speak"	Parl	er
Jouer "to play"	Jou	er
Finir "to finish"	Fin	ir
Vendre "to sell"	Vend	re
Attendre "to wait"	Attend	re

(mode)   (Indicatif)
01/ Mood : Indicative

01/ Present tense (présent)

1st group -er		Present
Singular persons "personnes du singulier"	Je	stem + **e**
	Tu	stem + **es**
	Il/elle	stem + **e**
Plural persons "personnes du pluriel"	Nous	stem + **ons**
	Vous	stem + **ez**
	Ils/elles	stem + **ent**

2nd group -ir		Present
Singular persons "personnes du singulier"	Je	stem + **is**
	Tu	stem + **is**
	Il/elle	stem + **it**
Plural persons "personnes du pluriel"	Nous	stem + **issons**
	Vous	stem + **issez**
	Ils/elles	stem + **issent**

Present	Terminations	
3rd group	The verbs ending in **-dre**	The verbs ending in **-ttre**
Singular persons "personnes du singulier" — Je	ds	ts
Tu	ds	ts
Il/elle	d	t
Plural persons "personnes du pluriel" — Nous	ons	ttons
Vous	ez	ttez
Ils/elles	ent	ttent

The verbs ending in -ir, -ire, -ure, -oir, -oire, -tre, -re, -eindre, -aindre, -oindre, -soudre
s
s
t
ons
ez
ent

02/ Imperfect tense (imparfait)

1st and 3rd group		Imperfect
Singular persons "personnes du singulier"	Je	stem + **ais**
	Tu	stem + **ais**
	Il/elle	stem + **ait**
Plural persons "personnes du pluriel"	Nous	stem + **ions**
	Vous	stem + **iez**
	Ils/elles	stem + **aient**

2nd group -ir		Imperfect
Singular persons "personnes du singulier"	Je	stem + **issais**
	Tu	stem + **issais**
	Il/elle	stem + **issait**
Plural persons "personnes du pluriel"	Nous	stem + **issions**
	Vous	stem + **issiez**
	Ils/elles	stem + **issaient**

03/ Simple future (futur simple)

1st, 2nd, and 3rd groups		Simple future
Singular persons "personnes du singulier"	Je	infinitive + **ai**
	Tu	infinitive + **as**
	Il/elle	infinitive + **a**
Plural persons "personnes du pluriel"	Nous	infinitive + **ons**
	Vous	infinitive + **ez**
	Ils/elles	infinitive + **ont**

However, be aware that the root of verbs in the 3rd group is often irregular.

04/ Compound past (passé composé)

1st, 2nd, and 3rd groups		Compound past
Singular persons "personnes du singulier"	Je	**ai** or **suis** + past participle
	Tu	**as** or **es** + past participle
	Il/elle	**a** or **est** + past participle
Plural persons "personnes du pluriel"	Nous	**avons** or **sommes** + past participle
	Vous	**avez** or **êtes** + past participle
	Ils/elles	**ont** or **sont** + past participle

05/ Simple Past (passé simple)

1st group (-er)		Simple Past
Singular persons "personnes du singulier"	Je	stem + **ai**
	Tu	stem + **as**
	Il/elle	stem + **a**
Plural persons "personnes du pluriel"	Nous	stem + **âmes**
	Vous	stem + **âtes**
	Ils/elles	stem + **èrent**

2nd group (-ir)		Simple Past
Singular persons "personnes du singulier"	Je	stem + **is**
	Tu	stem + **is**
	Il/elle	stem + **it**
Plural persons "personnes du pluriel"	Nous	stem + **îmes**
	Vous	stem + **îtes**
	Ils/elles	stem + **irent**

Simple Past		Terminations		
3rd group		Model 1	Model 2	Model 3
Singular persons "personnes du singulier"	Je	**is**	**us**	**ins**
	Tu	**is**	**us**	**ins**
	Il/elle	**it**	**ut**	**int**
Plural persons "personnes du pluriel"	Nous	**îmes**	**ûmes**	**înmes**
	Vous	**îtes**	**ûtes**	**întes**
	Ils/elles	**irent**	**urent**	**inrent**

06/ Pluperfect (plus-que-parfait)

1st, 2nd, and 3rd groups		Pluperfect
Singular persons "personnes du singulier"	Je	**avais** or **étais** + past participle
	Tu	**avais** or **étais** + past participle
	Il/elle	**avait** or **était** + past participle
Plural persons "personnes du pluriel"	Nous	**avions** or **étions** + past participle
	Vous	**aviez** or **étiez** + past participle
	Ils/elles	**avaient** or **étaient** + past participle

07/ **Future Anterior** (futur antérieur)

1st, 2nd, and 3rd groups		Future anterior
Singular persons "personnes du singulier"	Je	**aurai** or **serai** + past participle
	Tu	**auras** or **seras** + past participle
	Il/elle	**aura** or **sera** + past participle
Plural persons "personnes du pluriel"	Nous	**aurons** or **serons** + past participle
	Vous	**aurez** or **serez** + past participle
	Ils/elles	**auront** or **seront** + past participle

08/ **Past Anterior** (passé antérieur)

1st, 2nd, and 3rd groups		Past anterior
Singular persons "personnes du singulier"	Je	**eus** or **fus** + past participle
	Tu	**eus** or **fus** + past participle
	Il/elle	**eut** or **fut** + past participle
Plural persons "personnes du pluriel"	Nous	**eûmes** or **fûmes** + past participle
	Vous	**eûtes** or **fûtes** + past participle
	Ils/elles	**eurent** or **furent** + past participle

(mode)   (Conditionnel)

02/ Mood : Conditional

01/ Present (présent)

1st, 2nd, and 3rd groups		Conditional present
Singular persons "personnes du singulier"	Je	infinitive + **ais**
	Tu	infinitive + **ais**
	Il/elle	infinitive + **ait**
Plural persons "personnes du pluriel"	Nous	infinitive + **ions**
	Vous	infinitive + **iez**
	Ils/elles	infinitive + **aient**

However, be aware that the root of verbs in the 3rd group is often irregular.

02/ Past (passé)

1st, 2nd, and 3rd groups		Conditional past
Singular persons "personnes du singulier"	Je	**aurais** or **serais** + past participle
	Tu	**aurais** or **serais** + past participle
	Il/elle	**aurait** or **serait** + past participle
Plural persons "personnes du pluriel"	Nous	**aurions** or **serions** + past participle
	Vous	**auriez** or **seriez** + past participle
	Ils/elles	**auraient** or **seraient** + past participle

(mode)   (Subjonctif)
03/ Mood : Subjunctive
01/ Present (présent)

1st and 3rd group		Present subjunctive
Singular persons "personnes du singulier"	que je	stem + **e**
	que tu	stem + **es**
	qu'il/elle	stem + **e**
Plural persons "personnes du pluriel"	que nous	stem + **ions**
	que vous	stem + **iez**
	qu'ils/elles	stem + **ent**

> However, be aware that the root of verbs in the 3rd group is often irregular.

2nd group (-ir)		Present subjunctive
Singular persons "personnes du singulier"	que je	stem + **isse**
	que tu	stem + **isses**
	qu'il/elle	stem + **isse**
Plural persons "personnes du pluriel"	que nous	stem + **issions**
	que vous	stem + **issiez**
	qu'ils/elles	stem + **issent**

(mode)   (Impératif)
04/ Mood : Imperative

01/ Present (présent)

1st group (-er)		Present imperative	2nd group (-ir)		Present imperative
Singular persons "personnes du singulier"	Tu	stem + **e**	Singular persons "personnes du singulier"	Tu	stem + **is**
Plural persons "personnes du pluriel"	Nous	stem + **ons**	Plural persons "personnes du pluriel"	Nous	stem + **issons**
	Vous	stem + **ez**		Vous	stem + **issez**

Verbs in the <u>third group</u> in the present imperative follow the same conjugation as in the present tense, except for "**vouloir**" (to want) and "**savoir**" (to know).